La grenouille

Parfaite acrobate

Texte et photos de Paul STAROSTA

Mini Patte

MILAN

Collection dirigée par Valérie Tracqui

La rainette est grosse comme un abricot
mais, quand on l'entend, on croirait un géant.

Quelle voix !

C'est la nuit, tout est calme sur l'étang. Seul le vent murmure dans les roseaux. Soudain, un craquement se fait entendre : crac ! Puis un autre : crac ! Et cela continue : crac-crac-crac ! Quel vacarme ! Pourtant ce n'est qu'une petite rainette mâle qui chante pour appeler une femelle. Mais personne ne vient. En ce début du mois d'avril, toutes les belles dorment encore.

On reconnaît le mâle à sa gorge toute plissée. Il n'y a que lui qui chante.

Sa gorge grossit pour faire résonner le son de sa voix.

Avec ses narines et ses yeux haut placés, la rainette respire et voit bien.

Les voilà !

Les nuits passent, le petit mâle continue à chanter avec les autres rainettes de l'étang.
Enfin, un beau soir, les femelles arrivent. Plouf ! Elles plongent dans l'eau, suivies par les mâles, qui coassent encore plus fort pour se faire remarquer.
En voilà une tout près. Le mâle s'approche en chantant... La belle est charmée. Il grimpe sur son dos.

Comme ces crapauds, les rainettes pondent dans l'eau. Le mâle est plus petit que la femelle.

Presque poisson

Aussitôt, la femelle se met à pondre des œufs en petits paquets. En quelques heures, il y en a des centaines, parmi les plantes d'eau. Deux semaines plus tard, une petite larve sort de chaque œuf : c'est le têtard. À sa naissance, il n'a qu'une ventouse pour se fixer. Mais, petit à petit, tous ses organes apparaissent. Le voilà prêt à dévorer des montagnes d'algues.

Les oeufs ressemblent à de petites perles blanches.

Le triton aime les œufs de grenouille, qu'il gobe par paquets.

Le nouveau-né ne voit et ne sent rien.

Bientôt, il a une bouche et des yeux.

Le têtard grossit et, déjà, de toutes petites pattes apparaissent.
Pourtant, il a encore la forme d'un poisson.

Le têtard broute les petites algues collées sous les nénuphars. Mmm...

Le dytique, c'est l'ogre des têtards.

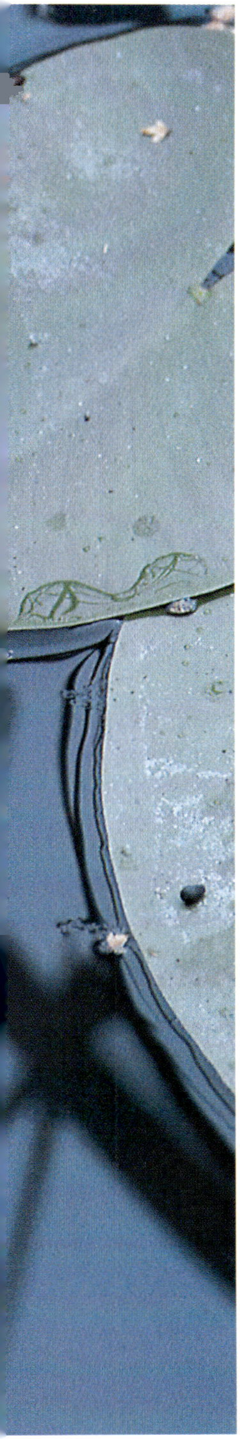

Le têtard nage avec la queue sans utiliser les pattes.

Au début, il respire encore sous l'eau avec ses branchies.

À 2 mois et demi, il respire hors de l'eau avec ses poumons.

Avec des pattes

Dans l'étang, le têtard trouve facilement de quoi manger. Il se met à brouter, brouter… Et il grossit, grossit ! Ses pattes arrière poussent de jour en jour. Et il dévore, dévore ! Puis ses pattes avant sortent à leur tour. Au bout de quelques semaines, sa queue raccourcit. Le voilà devenu une petite grenouille…

Miam ! Miam !

Une fois formée, la petite rainette préfère rejoindre la terre ferme plutôt que de risquer la noyade. Bzzz ! un moucheron vient de se poser sur une herbe.

Un super-œil, à 3 paupières !

Chic ! Une feuille flottante, c'est l'endroit idéal pour être au sec.

Attention à la couleuvre qui raffole de petites grenouilles...

Même si beaucoup d'œufs ont été mangés, il reste quand même du monde sur la rive !

La rainette ne sent plus rien, mais maintenant elle entend. Elle a repéré l'insecte.
En un instant, elle bondit et l'avale d'un coup.
Fini les repas de plantes ! Place aux araignées et aux insectes !

Drôle de peau !

Dans l'air, ce n'est pas comme dans l'eau, le soleil brûle la peau. Surtout quand elle est très fine, comme celle de la rainette. Si fine que l'eau passe à travers. Quand elle a soif, c'est facile : une petite douche sous la pluie ou une baignade, et le tour est joué. La peau de la grenouille est tellement mince que même l'oxygène passe à travers.

La rainette est la seule grenouille d'Europe qui grimpe aux arbres.

Sous la peau, le sang circule pour prendre l'oxygène de l'air.

La rainette a vraiment une peau à tout faire : c'est une peau-paille pour boire, une peau-poumon pour respirer et une peau-camouflage pour ne pas se faire repérer.

Grâce aux ventouses de ses doigts, la rainette ne tombe pas lorsqu'elle saute de branche en branche.

Elle ne fera qu'une bouchée de cette fourmi volante, ailes comprises.

Les adultes mangent punaises et perce-oreilles.

Une fois la bouche fermée, plus rien ne peut sortir. Direction l'estomac !

Les petites grenouilles se régalent de fourmis.

Safari de nuit

Avec le temps, la peau de la rainette fabrique un produit collant, qui l'empêche de trop se dessécher. Cependant, même si elle craint moins le soleil, la petite grenouille préfère chasser dans la soirée.

C'est alors qu'elle bondit sur tout ce qui bouge... enfin, seulement sur ce qu'elle peut gober en une bouchée ! Avec ce régime, elle grandit vite.

Acrobate

Maintenant qu'elle est grande, elle plonge dans l'eau et fait des brasses sans risquer de se noyer. C'est une vraie championne de natation. En plus, elle flotte très bien et fait la planche sur le ventre aussi longtemps qu'elle le veut !

Ses courtes pattes avant n'ont que 4 doigts.

La peau de son ventre n'est pas du tout lisse.

Pour nager, elle se sert de ses pattes arrière, terminées par 5 doigts palmés. C'est efficace !

La cigogne a faim : elle guette les grenouilles.

Mais la rainette ne peut pas s'attarder dans l'étang. C'est bien trop dangereux ! Alors, elle grimpe sur un arbuste et s'installe, immobile, au soleil. Bien malin celui qui pourra la voir, toute verte au milieu des feuilles.

Brrr !

À l'approche de l'automne, les nuits deviennent plus fraîches. Alors, la rainette chasse pendant le jour.
Le temps passe, il fait de moins en moins chaud, la température de son corps est trop basse, elle ne peut plus chasser.
Vite ! Elle doit trouver un abri pour l'hiver.
C'est là qu'elle s'endort en attendant le printemps, la chaleur, les amours...

Installée sur un roseau, la rainette profite encore des rayons du soleil.

Pour se protéger du froid, elle se met à l'abri sous les feuilles et les mousses. Elle y restera sans bouger et ne respirera que par la peau.

Protégeons-les !

En France, les grenouilles, comme tous les amphibiens, sont protégées par la loi. Mais elles sont quand même victimes des humains, qui les écrasent avec leurs voitures, assèchent leurs marais et parfois les mangent. Il nous faut absolument les protéger.

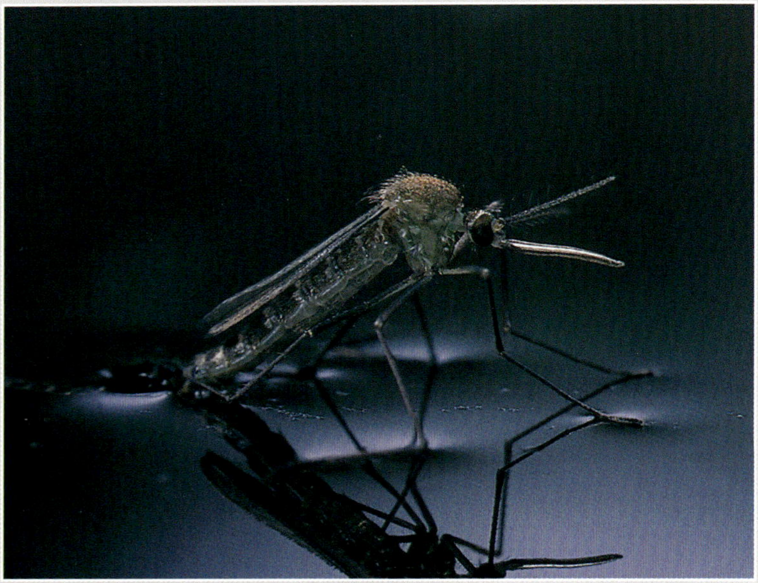

Sans les grenouilles, nous serions envahis de moustiques.

Empoisonnées

En déversant des insecticides pour tuer les insectes qui nous gênent, nous supprimons aussi un tas d'animaux qui nous sont bien utiles, comme les grenouilles. Avec le temps, les insectes s'habituent aux poisons et ne meurent plus, contrairement aux grenouilles. En fin de compte, l'homme garde les animaux qui le dérangent et tue ceux qui l'aident. Quel dommage !

Au bord d'un étang, on peut observer une multitude de petites bêtes.

Quand l'eau est polluée, les poissons meurent et la faune de l'étang aussi.

Il leur faut de l'eau !

Tous les amphibiens ont besoin d'eau pour se reproduire. S'il n'y avait plus d'étangs ni de marais, très vite on ne verrait plus de grenouilles, de crapauds, de tritons... Tous disparaîtraient. Alors les insectes deviendraient trop nombreux. C'est pour cela qu'il est important de conserver les zones humides. Chacun d'entre nous peut d'ailleurs créer de petites mares dans son jardin, pour accueillir les grenouilles...

Terrible pollution

Dans notre monde moderne, l'homme a trop pris l'habitude de jeter ses déchets et les produits toxiques dans les rivières, les marais, les lacs. Certains sont maintenant pollués. Les pêcheurs s'en rendent compte en voyant flotter des poissons morts. Mais on oublie que sous les poissons, au fond de l'eau, tous les têtards meurent aussi !

Cousins, cousines

La rainette fait partie du groupe des amphibiens, qui sont des animaux proches des poissons. En effet, pendant toute une partie de leur vie, ils vivent dans l'eau en respirant grâce à des branchies et s'y déplacent à l'aide de leur queue. Mais ils n'ont pas d'écailles et peuvent, à l'âge adulte, vivre sur la terre ferme.

Le pélodyte

Le **pélodyte** a la même taille qu'une rainette et, comme elle, il ne rejoint l'eau que pour pondre. Le mâle coasse, même sous l'eau, en faisant le bruit d'une chaussure qui grince.

Le crapaud accoucheur

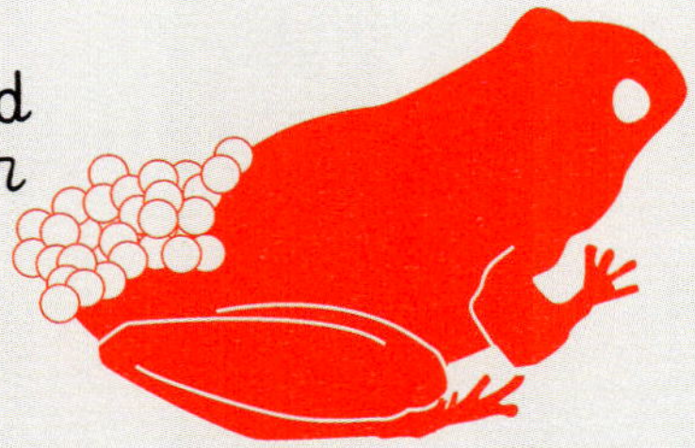

Le mâle du **crapaud accoucheur** porte ses œufs accrochés à ses pattes arrière. Régulièrement, il va les tremper dans une mare jusqu'à l'éclosion.
Le joli chant de ce crapaud ressemble au son d'une flûte.

La grenouille verte

La **grenouille verte** adore l'eau, elle y passe presque tout son temps. Les mâles chantent très fort, en gonflant leurs 2 sacs, un de chaque côté de la bouche.

Le **crapaud** est gros mais, pour entendre son chant, il faut être tout près de lui. Après la reproduction, il s'éloigne de l'eau et cesse de chanter. Dans les jardins, il trouve à manger des insectes, des limaces et des escargots.

Le crapaud

GRENOUILLES D'AILLEURS

Les grenouilles vivent partout dans le monde, sauf dans les régions polaires. Dans les régions tropicales, elles sont souvent très petites et colorées.

Une mantela

Les minuscules **mantelas** déposent leurs œufs dans un terrier. Ce sont les fortes pluies d'orage qui emportent les têtards vers la rivière.

Les **mycrohylidés** se nourrissent de fourmis et de termites. Certains habitent dans leur garde-manger : la termitière.

Un microchylidé

Un dendrobate

Un dendrobate

Dans les forêts tropicales d'Amérique, vivent les **dendrobates**. Ces petites grenouilles fabriquent un terrible venin, dont les Indiens se servent pour empoisonner leurs flèches.

Un rhacophore

Les **rhacophores** vivent aussi dans les arbres. Ils pondent même leurs œufs sur les feuilles, et les têtards tombent dans l'eau en naissant.

Quelques questions sur la vie de la grenouille, dont tu trouveras les réponses dans ton livre.

Crédit photographique :

Toutes les photos sont de Paul STAROSTA sauf :
D. HALLEUX/BIOS : p. 28 (bd) ; R. KONIG/JACANA : p. 29 (b) ; S. PECOLATTO/JACANA : p. 29 (h).

Loi 49.956 du 16.07.1949
Dépôt légal : 1er trimestre 2001
ISBN : 2.7459.0220.2
Imprimé en Belgique par Casterman, S.A., Tournai.